DEUS ESTÁ CONTIGO
PARA JOVENS

Dados Internacionais de Catalogação na Publicação (CIP)
(Câmara Brasileira do Livro, SP, Brasil)

Woolley, John
   Deus está contigo : para jovens — e para pessoas jovens de espírito : palavras divinas transmitidas pelo padre John Woolley / tradução Euclides Luiz Calloni. — 1. ed. — São Paulo : Pensamento, 2015.

   Título original: I am with you : for young people and for those Young at heart.
   ISBN 978-85-315-1902-4
   1. Literatura devocional I. Título.

15-00391   CDD-242

Índices para catálogo sistemático:
   1. Livros devocionais : Cristianismo 242

Palavras divinas transmitidas pelo
Padre John Woolley

DEUS ESTÁ CONTIGO PARA JOVENS

...e para pessoas jovens de espírito

Tradução:
EUCLIDES LUIZ CALLONI

Editora
Pensamento
SÃO PAULO

Título original: *I Am With You — For Young People and for Those Young at Heart.*
Copyright © 1984 John Woolley.
Publicado originalmente em UK por John Hunt Publishing Ltd.
Publicado mediante acordo com a John Hunt Publishing Ltd.
Copyright da edição brasileira © 2015 Editora Pensamento-Cultrix Ltda.
Texto de acordo com as novas regras ortográficas da língua portuguesa.
1ª edição 2015.
Todos os direitos reservados. Nenhuma parte deste livro pode ser reproduzida ou usada de qualquer forma ou por qualquer meio, eletrônico ou mecânico, inclusive fotocópias, gravações ou sistema de armazenamento em banco de dados, sem permissão por escrito, exceto nos casos de trechos curtos citados em resenhas críticas ou artigos de revista.
A Editora Pensamento não se responsabiliza por eventuais mudanças ocorridas nos endereços convencionais ou eletrônicos citados neste livro.

Editor: Adilson Silva Ramachandra
Editora de texto: Denise de C. Rocha Delela
Coordenação editorial: Roseli de S. Ferraz
Produção editorial: Indiara Faria Kayo
Editoração eletrônica: Fama Editora
Revisão: Nilza Agua e Yociko Oikawa

Direitos de tradução para a língua portuguesa
adquiridos com exclusividade pela
EDITORA PENSAMENTO-CULTRIX LTDA., que se reserva a
propriedade literária desta tradução.
Rua Dr. Mário Vicente, 368 — 04270-000 — São Paulo — SP
Fone: (11) 2066-9000 — Fax: (11) 2066-9008
http://www.editorapensamento.com.br
E-mail: atendimento@editorapensamento.com.br
Foi feito o depósito legal.

AO LEITOR

É muito provável que já tenhas ouvido falar do adorável clássico devocional moderno — *Deus Está Contigo* — que está ajudando um número sempre maior de pessoas em todo o mundo.

Em momentos em que se dedicava à oração, Padre John recebeu encantadoras palavras do Senhor Jesus Cristo, que também lhe pediu que as registrasse e as repassasse a todos os que desejassem sentir Sua intimidade e conhecer Sua força no dia a dia.

O livro que tens em mãos neste momento contém mensagens semelhantes ditadas por Jesus ao Padre John, agora dirigidas especialmente aos jovens.

Estamos convictos de que apreciarás esta edição especial de *Deus Está Contigo 2* e de que a manusearás diariamente.

*Depois de receber as belas e divinamente
inspiradas palavras deste livro,
Padre John selecionou versículos
correspondentes da Bíblia através dos
quais Deus fala diretamente conosco.*

MINHA ORAÇÃO POR TI

†

Peço a Jesus, Senhor nosso, que te ajude e te dê forças todos os dias através destas palavras.

Faço votos de que tu — e os jovens leitores de toda parte — encontres a verdadeira felicidade ao começares a descobrir a imensidade do amor de Jesus por ti.

Que Ele te abençoe e te guarde no Seu amor por toda tua vida.

John A. Woolley.

Oração Antes da Leitura

Senhor Jesus, durante a leitura da Tua palavra, ajuda-me a repelir todos os pensamentos que me afastam de Ti.

Ao receber a Tua palavra, tenho consciência de que recebo a Ti... para que te tornes mais e mais parte de mim.

Ao receber-Te, recebo a Tua serenidade, a Tua coragem, a Tua alegria e o Teu amor pelo próximo.

Obrigado, Senhor Jesus.

Meu filho, este universo é um enigma para ti.

Quero que saibas que o segredo do universo é o *amor*.

Antes de ser conhecido quando vim à terra, o Meu amor criava a infinidade de mundos que conheces hoje.

Lembra sempre que por trás de *tudo* o que vês no Meu universo está o amor. O que quero dizer é que Deus não é um Criador distante, mas é Alguém que cuida de ti o tempo todo... triste quando estás triste, feliz quando estás feliz.

Esse amor está sempre à tua disposição.

**Até mesmo os cabelos da vossa cabeça
estão todos contados.**
(Lucas 12,7)

Quando Eu estive na terra, os homens puderam ver Deus como Ele nunca havia sido visto antes. Eles não precisaram mais sair à Sua procura para conhecê-Lo.

A Minha vinda à terra foi como a chegada num *ponto de encontro*... o amor de Deus indo ao encontro de pessoas necessitadas de ajuda. Esse ponto é o único lugar onde as pessoas podem *realmente* começar a conhecer Deus.

Não te preocupes com o modo como Deus se revelou a outras regiões do universo. Alegra-te simplesmente, pois quando visitei a terra, a humanidade pôde *conhecer tudo* o que precisa a respeito de Deus Pai.

Deus amou tanto o mundo, que entregou o seu Filho único, para que todo o que nele crê não pereça, mas tenha a vida eterna.
(João 3,16)

Quero que, todos os dias, medites sobre a Cruz... o lugar onde podes *ver* mais claramente o Meu amor.

Na Cruz, renunciei a todo poder... tudo o que restou foi o amor.

O mal tentou aniquilar o amor, mas não conseguiu.

A vitória do Meu Pai mostrou o poder desse amor.

Desejo que cada um dos Meus filhos encontre a ajuda que só Eu posso dar.

Ao meditar sobre a Cruz, repete: "Senhor Jesus, meu coração é Teu".

Eu dou Minha vida pelas Minhas ovelhas.
(João 10,15)

Pede para viver perto de Mim toda a tua vida.

Se fizeres isso, começarei a atrair-te para mais perto de Mim e te verei como serás um dia... perfeito.

Enquanto continuares a desejar-Me, providenciarei para que chegues ao lugar que planejei para ti — embora Me decepciones muitas vezes.

Meu filho, nunca percas o *desejo* de viver bem perto de Mim. Esse desejo procede de Mim!

Um dia Me verás e Me conhecerás perfeitamente, uma realidade que terá a duração da eternidade.

É o Meu amor que te atrai a Mim.
(Oseias 11,4)

É muito importante pensar em Mim como Aquele que *governa* o universo. Se não fizeres isso, não estarás esperando realmente grandes coisas de Mim! Não dês ouvidos a pessoas que te levam a duvidar de que Eu controlo tudo. Fico aborrecido quando as pessoas não percebem quem Eu sou.

Tu sabes que Eu sou o Filho amado de Deus Pai... nenhum outro caminho para Deus te levará a Ele. É através de *Mim* que Deus fez tudo o que vês à tua volta. É *somente* através de Mim que milhões encontraram a felicidade depois de passar muitos anos sem nenhuma esperança.

Se sempre pensares em Mim como *supremo*, tudo na tua vida se harmonizará.

Deus Pai e Eu somos UM.
(João 10,30)

Meu filho, quero que saibas que nada pode jamais afastar-te do Meu amor.

Eu te *escolhi*; é por isso que podes depositar toda tua confiança em Mim. Eu te resguardarei de todos os perigos. Eu já te preservei de muitos riscos, sem que nem sequer percebesses.

Somente Eu sei o que é melhor para o teu futuro.

Lembra-te: o que quer que te aconteça, Eu *sempre* posso resolver a situação e ajudar-te a recomeçar.

Ninguém arrebatará Meus filhos de Minha mão.
(João 10,28)

Quando disseste ou fizeste alguma coisa que sabes que era errada, deves sempre vir a Mim *imediatamente*.

O importante não é o *que* fizeste. O importante *é* que estás sinceramente arrependido. Quero que saibas que estás perdoado, imediatamente, quando te arrependes de verdade, porque o Meu amor por ti é imenso.

Arrepende-te sempre, sabendo que o mal que praticaste *Me* ofendeu...

Mesmo que tenhas dito ou feito algo errado repetidas vezes, não acredites que Eu não queira te perdoar. Apenas vem e deixa que Eu dissipe o erro.

E lembra-te, *sempre*, de perdoar o teu próximo, como Eu te perdoo.

**Eu sou o Senhor teu Deus... amoroso,
misericordioso e infinitamente paciente.**
(Êxodo 34,6)

Vês muitas coisas tristes à tua volta. Vês pessoas doentes, pessoas famintas, pessoas que se odeiam...

Às vezes podes até pensar que Deus talvez esteja ausente, que estás sozinho.

Repele essa impressão da Minha ausência. Quero que fales Comigo, que Me digas que confias em Mim — mesmo que as coisas te levem a te espantares Comigo.

O que as pessoas chamam de "boa sorte" e "má sorte" não importa realmente. O que *realmente* importa é se Eu participo da tua vida, se vives Comigo, ou se tentas viver sem Mim.

Dize-me com frequência: "Senhor Jesus, sei que estás comigo e que jamais me decepcionarás".

Felizes os que não viram e creram.
(João 20,29)

Muitas coisas que esperas não acontecem. Muitos planos que fazes não se cumprem. Muitas pessoas podem te desapontar.

Sim, a vida é cheia de *decepções* — grandes e pequenas — porque este mundo está longe de ser perfeito e porque existem forças que trabalham contra Mim. Meu filho, não te deixes abater pelas decepções. Muito seguidamente Eu estarei te preservando de alguma coisa — *sabendo o que o futuro reserva para ti*. Se uma situação não pode ser mudada, aceita-a. Se Eu a permito, ela não te afligirá por muito tempo. Logo aprenderás a permanecer calmo e paciente quando as decepções ocorrerem.

O que quer que possa te desapontar por algum tempo, lembra que a única dádiva inestimável é a que já tens... Eu Mesmo!

**Que te aproveita ganhar o mundo inteiro,
mas perder a tua alma?**
(Mateus 16,26)

É por ter vivido uma vida humana na terra que Eu posso *compreender* as coisas que te entristecem, as coisas que dificultam a vida.

Lembra que não só estou perto de ti, mas que vivo em ti pelo Meu Espírito. É por isso que sinto o que sentes. Quando a vida é muito difícil, quando te decepcionas, quando estás muito aflito, o Meu amor se revelará mais forte se *partilhares* esses sentimentos Comigo.

Se dividires as situações difíceis da vida Comigo, Eu sempre posso *transformá-las* em algo bom para ti.

A vossa tristeza se transformará em alegria.
(João 16,20)

Quem melhor Me conhece são os que Me colocam em primeiro lugar!

"Jesus primeiro" faz toda a diferença para tua vida.

Se Eu estiver em primeiro lugar, se quiseres Me agradar, não haverá necessidade de te esforçares demais nem errar com muita frequência. Saberás que estás numa jornada.

Se Eu for teu Amigo, ainda assim poderás ter outros amigos. Poderás desfrutar dessas amizades *ainda mais* se Eu for o Amigo e Mestre da tua vida.

Se Eu estiver em primeiro lugar, a tua vida será o que sempre esteve *destinada* a ser... uma vida que aqueles que vivem sem Mim não conhecem.

**Encontra tua maior felicidade
no conhecimento de Mim.**
(Jeremias 9,24)

As coisas que podes tocar ou ver podem parecer mais importantes do que as que não tocas nem vês...

Eu vim a este mundo para dizer às pessoas que as coisas *realmente* importantes são invisíveis.

A única coisa que permanecerá para sempre é o Meu reino... Meu reino de amor.

Um dia, tudo passará, menos o Meu reino.

Serás sensato se concluíres agora que as coisas invisíveis são importantes para *ti*.

Se falas Comigo com frequência, se tratas os outros com amor e bondade, significa que, para ti, o Meu reino é mais importante, mais *real*, do que as coisas que o mundo diz serem importantes.

Meu reino não é deste mundo.
(João 18,36)

Meu filho, muito te ajudará a te sentires calmo se disseres o Meu nome, "Jesus", frequentemente.

Pode ser apenas um sussurro para ti mesmo, onde quer que estejas, fazendo o que for. Repetir o *Meu* Nome significa que a Minha paz está contigo e que te protegerá do perigo; começarás a te sentir mais forte.

Tornando-te uma pessoa calma, verás que outros que estão contigo também começarão a sentir a mesma coisa que sentes... a Minha paz chegará a eles *através de ti*.

**A paz que vos dou é a paz
que o mundo não pode dar.**
(João 14,27)

Lembra com frequência que Eu te conhecia antes que nascesses!

Lembra-te cada dia de Me agradecer por Eu te ter criado e por te manter em segurança. Durante toda tua vida, enviei-te ajuda por intermédio das pessoas que se importam contigo.

Agradece-Me todos os dias também por Eu te ter salvado na Cruz. O mundo teria se perdido sem a Minha vitória na Cruz; estás *vivo* agora por causa dessa vitória. Lembra sempre que deves tudo a Mim.

Quero que saibas o quanto fico feliz quando Me *agradeces*, num mundo em que tantos se esquecem de fazê-lo.

Eu te chamei pelo teu nome;
tu és Meu.
(Isaías 43,1)

Quando sou teu Amigo, a vida nunca é apenas uma questão de sorte. Eu *controlo* tudo o que pode te acontecer.

Se encontras alguém, mas gostarias que fosse outra pessoa, não te preocupes. Se não conseguiste alguma coisa que querias muito, não te preocupes. Apenas aceita o modo como a vida flui — mesmo as coisas que parecem acontecer por acaso — conquanto que Eu esteja contigo. Todas essas coisas constam do Meu plano para ti.

Se aprenderes a Me *agradecer* pelo que acontece contigo enquanto Me segues, a vida se tornará muito mais fácil para ti. Ficarás cada vez mais convencido de que Eu te conduzo e planejo por ti.

Todo poder no céu e na terra Me pertence.
(Mateus 28,18)

Quando não sabes que caminho seguir, talvez te amedrontes. Se Me seguires, haverá ocasiões em que não saberás exatamente o que está à frente.

Se não sabes o que está logo adiante, podes ter certeza de que se trata de algo que Eu considero como apropriado para ti, *se* te manténs perto de Mim.

Nem sempre precisas "fazer alguma coisa" ou "decidir sobre algo" apressadamente. Se ficares perto de Mim, saberás com mais clareza *quando* alguma coisa deve ser feita e *quando* deves esperar com paciência. Podes ter certeza de que estás exatamente onde Eu quero que estejas nessa ocasião, se te manténs perto de Mim.

Vosso Pai sabe do que tendes necessidade.
(Mateus 6,8)

S eguir-Me é uma questão de *confiança*...

Tu te tornas uma pessoa confiante pedindo que Eu Me introduza em situações difíceis e *depois* observando como Eu começo a te ajudar.

Se alguém te desaponta, se estás decepcionado com alguma coisa, isso pouco importa, realmente, desde que tenhas dividido o problema Comigo e estejas aprendendo a confiar.

Observa como uma criança olha com confiança para o pai ou para a mãe enquanto segura a mão deles. Do mesmo modo, Eu seguro a *tua* mão e tu podes olhar para Mim com confiança.

Eu te seguro com firmeza. Enquanto confias, significa que Eu estou *trabalhando* para atender às tuas necessidades. *O que quer que* Eu veja como apropriado para ti Eu posso fazê-lo. Dize-me *todos* os dias que confias em Mim.

Jamais te abandonarei.
(Josué 1,5)

Quero que Me prometas que estarás *ao Meu lado* durante toda a tua vida, aconteça o que acontecer.

Eu quero depender de *ti* em Meu plano para o mundo. Se permitires, poderei fazer coisas maravilhosas por teu intermédio; poderei trazer luz para as trevas que envolvem a vida de muitas pessoas.

Se prometeres ser Meu servidor neste mundo, Eu sempre Me *lembrarei* da tua promessa. Eu te usarei, mesmo quando te esqueceres de Mim por um tempo!

**Buscai acima de tudo o reino de
Deus e a sua justiça.**
(Mateus 6,33)

Todo cristão se sente solitário às vezes.

Podes achar que outros não te entendem, que pensam que és esquisito ou que riem de ti. Quando te sentires sozinho assim, às vezes será fácil pensar que ao seguir-Me renunciaste a muita coisa. Não precisas te preocupar com isso.

Faz parte da Minha ação de transformar-te em Meu seguidor fazer-te às vezes sentir que tens somente a Mim!

Descobrirás que à medida que aprenderes a depender de Mim, e à medida que Eu começo a ser visto em ti, outros desejarão o que conseguiste.

Eu sempre te darei *muito mais* do que tudo aquilo a que renuncias... Jamais sentirás falta das coisas de que te privaste.

**Ao achar uma pérola de grande valor,
ele foi e vendeu tudo para comprá-la.**
(Mateus 13,46)

Quero que Me prometas mais uma coisa... a promessa mais importante que jamais farás!

Promete-Me que confiarás em Mim como a única esperança, não apenas do mundo, mas da *tua* vida. Dize-me que irás sempre depender de Mim quando outras pessoas te desampararem. Lembra apenas, Meu filho, o quanto Eu sou *fiel*...

Podes esquecer muitas vezes a tua promessa de fazer de Mim a tua única e verdadeira esperança, mas Eu não Me esquecerei! Eu sempre providenciarei para que voltes a confiar em Mim depois de te extraviares.

Se Eu sou realmente tua verdadeira esperança, dize-Me isso com frequência. Estarás dando grande alegria ao Salvador de um mundo em que tantos Me esquecem.

**Eu, o Senhor, te tomarei pela mão
e te guardarei.**
(Isaías 42,6)

Trava-se à tua volta uma batalha entre as forças do bem e as forças do mal. Existem perigos reais para aqueles que não confiam em Mim.

Se te lembras de Mim contigo e repetes o Meu nome, "Jesus", para ti mesmo, significa que as forças do *bem* estão dispostas à tua volta. "Jesus" não é apenas um nome a dizer; é um poder a usar. Quando o repetes, o reino do mal se vê obrigado a bater em retirada.

A repetição do Meu nome produz dois resultados: Primeiro, te ajuda a manter-Me nos teus pensamentos. Segundo, indica que Eu te resguardo de toda espécie de armadilhas e equívocos, desviando-te dos lugares perigosos que podes não ver.

Meu nome é para ser usado... usa-o frequentemente todos os dias.

Eu estou contigo para te libertar.
(Jeremias 1,19)

Meu filho, achas que persistes em cometer o mesmo tipo de erros? Crês que te obstinas em Me ofender com a mesma espécie de pensamentos, palavras e atos errados... que, em teu coração, não queres realmente cometer? Pensas que algumas tentações são quase sempre fortes demais? Sentes pouca coragem frente a certas situações?

Insisto que medites todos os dias sobre a Minha força aliada à tua. Não importa se te sentes fraco no momento. Quero que ajas de modo *diferente*, agora, com relação aos aspectos em que vacilaste e diante dos quais simplesmente desististe. Se pensares na Minha força em ti, as derrotas se transformarão em vitórias. Tu te surpreenderás com o que podemos fazer juntos.

Lembra-te de repelir qualquer tentação *imediatamente*. Não esperes até te *sentires* forte... apenas *age* de forma diferente e descobrirás que Eu te *fortaleci*.

**Eu te sustento com a Minha
destra vitoriosa.**
(Isaías 41,10)

Quando Eu disse aos Meus filhos que o caminho é estreito, Eu conhecia os perigos que os espreitam às margens. Sendo Meu caminho estreito, muitas pessoas têm medo de Me seguir, porque acham que terão de renunciar a tudo o que prezam. Meu filho, o caminho é estreito porque desejo que *chegues* aonde Eu quero que estejas.

Ao longo do estreito caminho (Comigo como teu Amigo), podes aproveitar muitas dádivas maravilhosas da vida. Podes usufruí-las com *muito mais* proveito porque Eu as divido contigo.

As únicas coisas que deves recusar são as que podem fazer com que te *percas*... talvez por muito tempo... antes de retornar novamente ao caminho.

Segue-Me.
(Mateus 4,19)

Eu te disse que participo da tua vida...

O que significa estar *unido* a Mim? Significa que às vezes sentirás um pouco do que Eu sinto habitualmente... Minha tristeza com tanta crueldade no teu mundo. Sentirás um pouco da solidão e da angústia que Eu senti na terra quando as pessoas Me odiavam ou não me davam ouvidos.

Vê, porém, Meu filho, o que *também* é teu se estás unido a Mim:

Podes derrotar definitivamente tudo o que procede do mal... tudo o que esteja em ti mesmo ou à tua volta.

Podes deixar que *Eu* ajude os outros através de ti.

Ficarás cada vez mais parecido Comigo.

Começarás a fazer coisas que antes, por ti mesmo, não conseguias... e elas serão *imperecíveis*.

Unido a Mim — como o ramo ao tronco — não precisas ter medo de nada.

Eu sou a videira e vós os ramos.
(João 15,5)

Quando pensas que tudo deu errado... Quando achas que não consegues corrigir alguma coisa... Quando perdes uma pessoa querida, um amigo...

Quando imaginas que não tens forças para enfrentar os dias que tens pela frente... por favor, lembra-te do que Eu disse: Tudo o que acontece na terra tem duração efêmera.

Embora os fatos possam te causar grande aflição, convence-te de que eles são *menos reais* do que Eu ou do que Meu Reino. Diante de acontecimentos angustiantes, pensa em Mim *ao mesmo tempo*. Lembra que esses acontecimentos não te afligirão por muito tempo.

Assim te recuperarás mais facilmente e terás mais coragem do que pensavas ter.

Quem Me segue não andará nas trevas.
(João 8,12)

Queres fazer coisas grandiosas por Mim?

Antes de mais nada, certifica-te de que Eu realmente *participe* da tua vida... falando Comigo, lendo Minha palavra, procurando ser o tipo de pessoa que quero que sejas.

Constatarás então que Eu *enviarei* pessoas a ti... jovens e idosas. Nem sempre saberás do que elas precisam, mas todas poderão ser ajudadas por uma palavra confortadora, por um ato de bondade de tua parte.

Podes ficar absolutamente certo de que, se vives perto de Mim, Eu chego aos outros através de ti; por tua mediação, muitas, muitas pessoas encontrarão a ajuda que de outra forma não conseguiriam encontrar.

Sem Mim,
nada podeis fazer.
(João 15,5)

Se tens consciência de que alguma coisa está errada, não penses que podes fazê-la "só esta vez".

Não acredites que podes continuar fazendo coisas erradas em *algumas* ocasiões e deixar de fazê-las em *outras*.

Se continuares agindo assim, chegará um tempo em que não conseguirás ajudar a ti mesmo. Serás como a muralha de um castelo com enormes brechas. As tentações terão se tornado fortes demais para ti.

Meu filho, usa a Minha força para repelir *sempre* o que sabes ser errado. Com o tempo, farás isso com facilidade cada vez maior.

**Se observardes os Meus mandamentos,
permanecereis no Meu amor.**
(João 15,10)

Lembra que quando Me pedes alguma coisa ou recorres a Mim em busca de ajuda quando as coisas estão difíceis, estás *dando* alguma coisa para Mim.

Talvez penses apenas no que *tu* necessitas e não em dar alguma coisa a Mim, mas isso não importa. Meu amor por ti significa que tenho imensa alegria em estar à tua disposição. Sim, *sempre que* vens a Mim, por qualquer motivo que seja, Eu recebo alguma coisa de ti.

Cada vez mais, encontrarás alegria em dar aos que se aproximam de ti para receber ajuda.

Vinde a Mim!
(Mateus 11,28)

Quando acontece alguma coisa que te aborrece ou preocupa, reserva *imediatamente* alguns minutos para falar Comigo sobre o assunto. Procede desse modo, mesmo achando que deves te apressar para dizer ou fazer alguma coisa para resolver a questão!

Ao partilhar Comigo o que aconteceu, Eu poderei mostrar-te mais claramente por que aconteceu. Todo acontecimento tem alguma lição importante a ensinar-te.

Outra verdade relevante é que *Eu posso impedir o agravamento de qualquer situação*.

Partilhar Comigo significa que terás mais coragem — mesmo que uma situação não mude de imediato. Perceberás muitas vezes que mesmo sem nenhuma participação tua Eu estou em ação, corrigindo as coisas.

**Na angústia estarei contigo —
para livrar-te.**
(Salmo 91,15)

Eu disse que vim ao teu mundo para revelar Deus Pai a todos... Seu amor, Seu poder, Sua bondade, Sua beleza.

Meu filho, conserva a Minha imagem em tua mente sempre! Volta-te para ela seguidas vezes ao longo do dia. O segredo de ser Meu seguidor *está em praticar cada vez mais o afastamento de ti mesmo e a aproximação de Mim*. Imagina que estou continuamente Me aproximando de ti.

Se insistires em olhar para *ti mesmo*, acabarás sentindo-te fraco, incapaz de fazer o que deve ser feito. Se te voltares para *Mim*, lembrarás que estamos *juntos*... que Eu te fortaleço.

Vê a Minha presença como uma *luz*... uma luz de amor, envolvendo-te o tempo todo. Quanto mais olhares para Mim, mais seguro e forte serás.

Voltai-vos para Mim e sereis salvos.
(Isaías 45,22)

A razão por que pedi aos Meus seguidores que orassem pelos que os injuriavam e maltratavam é que Eu sei que a oração é muito poderosa.

Jamais revides — mesmo quando acreditas que as pessoas são culpadas. Reza pela pessoa que te ofendeu! Às vezes, ao reencontrar essa pessoa, terás uma grande surpresa ao ver como ela mudou. Mesmo que ela continue sendo insolente, não importa, pois a vitória foi tua.

É sempre mais fácil restabelecer uma amizade desfeita se Me deixas fortalecer-te e não procuras te vingar; a própria *difamação* é um ato de vingança. É quando palavras e ações injuriosas são ditas ou feitas por *ambas* as partes, e só então, que uma relação de amizade pode se romper para sempre.

Se perdoardes aos homens, sereis perdoados.
(Mateus 6,14)

Acreditas que rezar é apenas "lembrar-se" de alguém e que só o que *fazes* por uma pessoa é que realmente a ajuda?

Meu filho, lembra que as tuas orações têm *poder* porque Eu participo da tua vida... A pessoa por quem rezas recebe ajuda antes mesmo que possas fazer alguma coisa por ela ou visitá-la.

Sim, Eu sempre aproveito os teus atos de bondade. Aproveitarei *também* as tuas orações de forma muito eficaz à medida que aprenderes a Me falar das necessidades tuas e do teu próximo.

**Tudo quanto pedirdes orando,
crede que recebestes.**
(Marcos 11,24)

Pensando no Meu amor por ti, alimenta sempre o desejo *intenso* de Me agradar.

Que esse desejo seja incessante. Sempre que fizeres o que é certo, a Minha força *estará presente*.

Ao rezar todos os dias, repete simplesmente: "Senhor, faça-se a Tua vontade na minha vida hoje". Então, coisas *boas* e *corretas* acontecerão; as pessoas *certas* te encontrarão. Talvez não percebas inicialmente, mas à medida que quiseres o que Eu quero, tu e Eu nos tornaremos muito mais próximos; serás uma pessoa cada vez mais *vitoriosa*.

Bem-aventurados os que têm fome e sede de justiça.
(Mateus 5,6)

P odes aprender uma lição ao contemplar uma rosa.

Simplesmente observa como a rosa...

    é bela;

    exibe uma cor linda;

    exala um perfume suave;

    é delicada ao toque.

As pessoas amam a rosa pelo *que ela é*.

A mesma coisa acontece com os seres humanos. O que uma pessoa *é...* isso é que faz uma enorme diferença, e não só o que ela diz ou procura fazer.

Se Eu vivo no teu coração, podes ter certeza de que te assemelharás cada vez mais a Mim e então poderás ajudar outras pessoas de forma extraordinária.

Brilhe a vossa luz diante dos homens.
(Mateus 5,16)

Muitos filhos Meus obtiveram ajuda fazendo de Mim sua *fortaleza*.

Numa tempestade, as pessoas procuram um abrigo, um lugar onde possam proteger-se do perigo.

Muitas vezes a vida se assemelha a uma tempestade porque as pessoas podem agir com maldade e cometer muitos erros. Então procuras um lugar onde te refugiar.

Meu filho, já tens esse lugar... Eu.

Aprende a usar o *Meu lugar secreto*... o lugar do Meu amor. Quando estás aflito, quando as coisas vão mal (seja por deficiência tua, seja por erro de outros), simplesmente *fica Comigo*... no Meu lugar secreto. Sente os Meus braços amorosos envolvendo-te. Logo te fortalecerás, e então poderás agradecer-Me porque a causa da tua aflição se dissipou.

Eis que eu estou convosco todos os dias.
(Mateus 28,20)

Serás tentado muitas vezes a deixar de Me seguir. Acharás que é inútil confiar em Mim. Pensarás que estás perdendo coisas que outros aproveitam. Meu filho, é nesse momento que muitas pessoas tomam um caminho que não leva a lugar nenhum; elas desistem de confiar em Mim. No exato momento em que estavam prontas a ficar realmente fortes e vitoriosas, perderam o único Amigo que poderia de fato ajudá-las.

Existe uma força do mal que *quer* que te afastes de Mim; não lhe dês ouvidos. Eu já estou agindo a teu favor... deixa-me fazer mais!

Repete, com convicção ainda maior do que até agora: "Senhor Jesus, deposito toda a minha confiança em Ti".

**Devo ser sempre o primeiro
entre as coisas que amas.**
(Êxodo 20,4)

Meu filho, o que Eu fiz por ti na Cruz?

Primeiro, sabes que conquistei para ti o direito de seres perdoado... para que os teus erros sejam anulados para sempre.

Além disso, também conquistei para ti... a *liberdade*. Os seres humanos precisam de ajuda especial para se libertarem quando não conseguem por si mesmos.

Com a Minha vitória sobre os poderes do mal, conquistei para ti uma liberdade *verdadeira*. Podes livrar-te da influência do mal, podes livrar-te dos grilhões com que o mal quer te manter prisioneiro... maus hábitos, tentações, pensamentos sombrios, sentimentos de fraqueza.

Tudo o que tens a fazer é *acreditar* na Minha vitória e usá-la; agradece-Me todos os dias por Eu te livrar para seres uma pessoa nova e melhor.

**Se Eu vos libertar,
sereis realmente livres.**
(João 8,36)

Pede-Me todos os dias que Eu te mostre as escolhas *importantes* que deves fazer. Às vezes, uma determinada escolha pode mudar o resto da tua vida... mesmo que seja uma escolha "pequena". Tu sabes *quais* são os momentos realmente importantes de escolher para ti.

Deves pedir-Me que te faça saber, no íntimo do teu ser, quando uma escolha é importante para o teu futuro ou para o futuro de alguma outra pessoa.

Podes então escolher, com cuidado e sensatez, enquanto divides o tempo da escolha Comigo.

**O Espírito Santo vos mostrará
a verdade plena.**
(João 16,13)

Meu filho, sejas tu quem fores, seja o que for que tua vida tenha sido até agora, por mais injustas que pensas que algumas situações tenham sido, por favor, *lembra-te*: Posso fazer coisas admiráveis pelas pessoas, sejam elas quem forem, não importando se acham que não receberam uma oportunidade adequada.

Meu filho, quero que sejas cada dia mais um testemunho da Minha grandeza.

Acaso existe algo difícil para Mim?
(Gênesis 18,14)

Os poderes do mal querem que vejas as pessoas à tua volta com desconfiança. Eles querem que suspeites dos outros; querem que percebas somente as coisas ruins nas pessoas; querem que menosprezes as pessoas e até que as odeies.

Meu filho, pede *agora* que Eu te ajude a ver as pessoas *como Eu as vejo*. Somente Eu sei por que as pessoas são como são. Deixa-Me ajudar-te a vê-las com o Meu olhar de amor para que possas rezar por elas e ser bondoso e paciente com elas.

Se mais pessoas tivessem confiado em Mim e não tivessem se tornado cegas por obra do mal, guerras e crueldades não teriam arruinado o teu mundo.

Bem-aventurados os puros de coração.
(Mateus 5,8)

A vida pode ser muito complicada e às vezes te sentes incapaz de tomar alguma atitude com relação ao que fizeste ou ao que outras pessoas fizeram.

Quero que lembres *sempre* que nada pode Me derrotar! Tudo está em minhas mãos. Eu posso interferir nas circunstâncias e *torná-las* menos complicadas, *se* as trouxeres para Mim e quiseres que Eu as simplifique *a Meu modo*.

Mesmo se um problema te parece demasiado intrincado, ele é simples para Mim... porque conheço o passado, o presente e o futuro, e sei exatamente como resolvê-lo.

Com Deus, tudo é possível.
(Marcos 10,27)

Cada dia, reserva vários momentos para ficar algum tempo Comigo. Ou, então, *cria* tu mesmo essas pausas.

A coisa mais sensata que podes fazer durante um dia é passar algum tempo Comigo. Na quietude da Minha presença, alguma coisa de *Mim* passa para *ti*!

Permanecendo alguns instantes na Minha presença...

> podes agradecer-Me pelos muitos benefícios que recebeste;
>
> podes rezar por tua família ou por outras pessoas — especialmente por aquelas que precisam muito de ajuda;
>
> podes encontrar soluções para alguns dos teus problemas.

Mesmo um minuto ou dois dedicados à leitura da Bíblia, meditando sobre as palavras ali reveladas, é um tempo sumamente bem aproveitado. Depois de ficar Comigo, sempre voltas aos teus afazeres sentindo-te mais calmo, mais forte e vendo tudo com mais clareza.

Uma só coisa é realmente necessária.
(Lucas 10,42)

Cada noite, entrega a Mim todas as tuas preocupações e todos os teus planos. Deixa que eu fique com tudo o que tens em mente, de modo que Eu possa estar no controle.

Sabes que te protejo a cada momento — agradece-Me por isso ao te preparares para dormir.

Eu estou aqui para *carregar* as coisas por ti, para que possas adormecer tranquilamente. As coisas de amanhã ou dos dias seguintes (estimulantes ou preocupantes)... simplesmente deixa que cheguem a Mim. Entrega-as para Mim, como se estivesses entregando uma carga pesada.

Lembra que Eu te criei! Coloca-te nas Minhas mãos, (entregando-te a Mim), para que a Minha paz possa estar contigo durante a noite.

Não se perturbe nem intimide o vosso coração.
(João 14,27)

Aprende a rezar por *tudo*...

Muitas pessoas esquecem que cada aspecto da vida diária delas Me interessa...

    as pessoas que encontram;

    os trabalhos que precisam fazer;

    as coisas que leem;

    os próprios pensamentos que têm!

Por isso, lembra que Me interesso *muito* por absolutamente tudo o que *te* acontece... Reza por tudo o que dá errado, por tudo o que é difícil. Talvez tenhas apenas alguns momentos para rezar por alguma coisa, mas lembra-te de fazer isso.

Sempre que rezas por alguma coisa, é sinal que Eu estou imediatamente trabalhando para ti.

Não vos preocupeis com o dia de amanhã.
(Mateus 6,34)

São muitos os motivos por que as pessoas querem Me seguir, ter-Me como Amigo...

O tempo todo, milhares estão entregando suas vidas a Mim.

Quando uma pessoa se dá conta de que precisa de Mim, é porque Eu já a havia *escolhido*. Meu filho, Eu te escolhi para participares da Minha vida porque vi o que poderias tornar-te se Eu fosse teu Amigo *para sempre.*

Em tuas orações a cada dia, agradece-Me *sempre* por Eu haver-te escolhido.

Sim, há muitas coisas que preciso mudar em ti; porque te escolhi, porém, serás sempre precioso para Mim.

**Não fostes vós que Me escolhestes,
mas fui Eu que vos escolhi.**
(João 15,16)

Eu te disse que o Meu amor é um *poder*... um poder que criou o universo.

Quero que medites muito sobre o Meu amor e o vejas como uma *influência* poderosa sobre ti, agora.

Agradece-Me por essa influência estar te tornando forte, sereno, esperançoso, removendo toda espécie de perigos à tua volta, suprindo tudo o que necessitas. Agradece-Me por tudo o que a Minha influência está fazendo.

A influência do Meu amor se estende do céu até onde estás e *faz muita diferença* na tua vida.

Permanecei no Meu amor.
(João 15,9)

Há ocasiões em que achas que ninguém se preocupa *realmente* contigo. Assemelhas-te então àqueles que, em todo o mundo, têm essa mesma impressão *o tempo inteiro*.

Uma das coisas que faço por Meus filhos é compensar toda falta de amor humano.

É por isso que muitos dos Meus filhos que não têm ninguém para amar encontraram o amor de Deus — muito à semelhança de encontrar a pérola preciosa!

O Meu amor não é apenas mais uma coisa a acrescentar ao amor humano. Ele pode ser *tudo* o que uma pessoa solitária ou sem amor precisa.

Eu sou todo o tesouro de que realmente necessitas.
(Números 18,20)

Meu filho, habitua-te a pensar que o futuro está *em Minhas mãos*. Habitua-te a pensar no tempo em que todas as coisas tristes que acontecem na terra irão desaparecer ou serão corrigidas... o tempo em que o Meu Reino conquistará a vitória.

Quando a vida é muito difícil, aprende a *trazer o futuro para o presente*. Dize: "Senhor Jesus, agradeço-vos porque também isso há de passar".

Não importa se não consegues ver *como* as coisas irão melhorar. O que importa é que elas *irão* melhorar, porque a tua vida está em Minhas mãos. Aprende a deixar que a luz que está no futuro brilhe no presente, quando há lutas ou tristezas a enfrentar.

**Estar Comigo e contemplar
a Minha glória.**
(João 17,24)

O tempo inteiro, mesmo que não percebas, alguma coisa de Mim chega a ti.

O que acontece quando confias em Mim é que aproveitas a Minha *provisão*. Eu trago o que precisas, no momento em que vejo que dele necessitas.

Procura imaginar-Me com os braços estendidos para ti... sempre oferecendo-te o que *realmente* precisas. Pensa nessa provisão todos os dias.

Agradece-me pela força, pela proteção, pelas centenas de coisas que Eu te envio... mesmo sem que peças, mesmo antes que percebas que delas necessitas.

Antes de Meus filhos Me invocarem,
Eu já lhes terei respondido.
(Isaías 65,24)

As pessoas de modo geral estão à procura da felicidade. Se procurares a felicidade nos lugares errados, ela será efêmera.

Eu disse aos Meus filhos que a *Minha* alegria deve estar dentro deles. Seguindo o caminho que Eu te indico, ao te tornares cada vez mais convencido do Meu amor, conhecerás uma sensação de paz e de esperança que é parte da verdadeira felicidade. Essa felicidade não depende do que te acontece no dia a dia.

A verdadeira alegria é calma, mas *constante*; descobrirás que ela é tua quando outros, que procuram a felicidade fora de Mim, a perderam.

Ninguém vos tirará a vossa alegria.
(João 16,22)

Meu filho, sabes que enquanto participo da tua vida há uma *influência* que passa de ti para os outros?

Mais ainda do que as coisas boas que dizes ou fazes, é essa influência que faz a diferença para as pessoas que encontras.

Permanecendo perto de Mim, lembra que Eu estou em cada encontro, em cada amizade. Eu sei exatamente *como* posso usar-te como Meu servidor. Dize-me sempre que queres ser usado do Meu modo.

Muitas pessoas serão ajudadas por ti, se simplesmente Me deixares trabalhar, se Minha influência *fluir* através de ti.

**Aquele que permanece em Mim e
Eu nele produz muito fruto.**
(João 15,5)

Quando dei a Minha vida pelo mundo, Eu o fiz para que Deus e os homens voltassem a se reaproximar.

Quando pessoas inimigas se tornam amigas, esse é sempre motivo de grande regozijo para Mim.

Meu filho, já percebeste como te alegras quando te reconcilias depois de uma desavença? Isso é porque, quando um conflito é esquecido, sentes o Meu Reino de amor de um modo especial.

Mesmo quando achas que a culpa é do outro, sê tu o que procura a reconciliação.

Estarás então ajudando a reparar uma situação que ficou prejudicada no Meu reino de amor.

**Sede bons amigos e vivei
em paz uns com os outros.**
(Marcos 9,50)

Diferentemente até dos melhores seres humanos, Eu nunca mudo.

Se pedires que Eu seja o Amigo da tua vida, farei planos para ti que *devem* se realizar, desde que continues vivendo Comigo.

Muitas pessoas se afastam de Mim porque não veem suas orações atendidas imediatamente. Deves sempre alimentar a convicção de que as *tuas* orações estão sendo respondidas da melhor maneira possível. Agradece-Me todos os dias por isso e agradece-Me todos os dias por Eu ser *fiel*.

... dará coisas boas aos que lhe pedem.
(Mateus 7,11)

Os que te amam procurarão não te decepcionar, mas lembra que ninguém está no controle de todas as coisas como Eu.

É por isso que deves sempre contar absolutamente Comigo em *cada* aspecto da tua vida. Isso se chama *confiança em Mim*. Se confias em Mim, sabes no teu íntimo que não posso faltar contigo.

Meu filho, jamais serias desleal com alguém que amasses muito. Do mesmo modo, espera o melhor de Mim por causa do Meu amor por ti. Não há nada que precisa ser mudado que Eu não posso mudar. Confiando em Mim, verás tuas orações respondidas com frequência cada vez maior.

Eu sou um Deus fiel.
(Deuteronômio 7,9)

Muitas vezes, quererás rezar por uma pessoa que parece precisar muito da Minha ajuda.

Talvez Me peças que a cure se ela está doente, que a reanime se está triste ou que lhe envie ajuda se ela é pobre ou está com fome.

Lembra que somente Eu sei o que uma pessoa realmente precisa. Uma coisa que sempre podes pedir-Me que faça é esta: *Pede-Me que ajude uma pessoa a conhecer o Meu amor por ela.*

Disponho de todos os meios para fazer isso, e porque *quero* sempre mais que Meus filhos conheçam o Meu amor, sempre atenderei a essa oração.

Pedi e vos será dado.
(Mateus 7,7)

Não acredites que tu e Eu somos totalmente diferentes. Não acredites que não podes chegar a ser como Eu.

Lembra que os seres humanos foram feitos à imagem de Deus Pai. Isso significa que quando dás a tua vida a Mim, tudo o que vês em Mim... pode ser teu também. Começas a ser mais parecido Comigo... a ter mais de Mim em ti.

O mundo seria bem melhor se os Meus filhos que acreditam em Mim *usassem* essas coisas que veem quando olham para Mim e que podem ser deles cada vez mais.

Deus fez o homem à Sua semelhança.
(Gênesis 1,26)

Quando procuras ajudar alguém, pouco importa se te sentes cansado.

O que realmente importa é que te permites estar *com* alguém e deixar que o Meu amor chegue a essa pessoa.

Ao longo da história, os Meus servidores descobriram como as pessoas são ajudadas através deles, mesmo *quando achavam que não conseguiam dar nada.* Eles simplesmente estavam lá... e Eu fazia o resto.

**É na fraqueza que a Minha força
manifesta todo o seu poder.**
(2 Coríntios 12,9)

O modo de te tornares uma pessoa realmente vitoriosa é escolher algo definido que gostarias de conquistar...

Pode ser um mau hábito, parte de ti em que te sentes fraco e nem sempre consegues fazer um esforço apropriado, algum aspecto em que sempre tornas a cair... Pergunta a ti mesmo: "Eu acredito que Deus pode fazer-me forte neste ponto?"

Se acreditas que Eu posso, então decide conquistar alguma coisa nova todos os dias. Eu *sempre* te fortalecerei. Seja qual for a vitória que conquistares, continua sendo vitorioso nesse aspecto dia após dia.

Porque Eu te criei, posso carregar-te.
(Isaías 46,4)

Quero que aprendas a te *afastar* do que é falso ou perigoso, coisas que te desviariam do Meu caminho.

Já sabes que as coisas nem sempre são o que parecem; podes ser levado por elas, até perceber que foste ingênuo.

Aprende a olhar *diretamente* para Mim enquanto te conduzo no Meu caminho. Mantém os olhos fixos na luz e não te extravies por lugares escuros.

Quando Eu disse que sou a Luz do Mundo, Eu o disse para mostrar-te que não precisas caminhar sem alguém que te guie.

Se continuares com os olhos fixos em Mim, *terminarás* a jornada que leva ao céu.

Largo e espaçoso é o caminho que conduz à perdição.
(Mateus 7,13)

Devido ao excesso de afazeres, podes às vezes esquecer o que é realmente importante para ti.

Meu filho, lembra que mesmo quando esqueces o que é importante, tudo está na *Minha* mente... Providenciarei para que aconteça o que for apropriado para ti, mesmo se por vezes esqueces ou negligencias.

Uma mãe pode esquecer seu filho,
mas Eu não me esqueço de ti.
(Isaías 49,15)

Ao rezar por ti mesmo ou por outra pessoa, procura manter a *crença* apropriada!

Acredita no Meu amor.

Acredita no Meu *anseio* de ajudar os Meus filhos.

Acredita no Meu poder.

No início de cada oração, agradece-Me por Meu amor e Meu poder. Verás então que a oração que fazes passa a ser *respondida* com frequência sempre maior.

Quanto mais rezas, mais Me verás indicando-te o *que* rezar e para *quem* rezar. Colocarei essas coisas na tua mente, e por isso podes ter certeza de que Eu te darei o que pedes.

***Tudo* é possível àquele que crê.**
(Marcos 9,23)

P ede-Me que te mostre o que é a *verdade*.

Deves ser capaz de ver no mundo as coisas que Me agradam e as que são falsas ou que representam perigo.

Se verdadeiramente queres ver as coisas com a *Minha* sabedoria, perceber-te-ás cometendo cada vez menos erros; cederás sempre menos às coisas que Me magoam.

Meu filho, permite que Eu infunda em ti mais e mais da Minha sabedoria.

Eu sou a verdade.
(João 14,2)

Às vezes te decepcionarás muito... contigo mesmo! Acharás que Me desapontaste em *demasia*. Às vezes podes até pensar que Eu desisti de ti.

Meu filho, quero que saibas...

que sempre serei teu Amigo;

que ainda *preciso* de ti; que Eu te perdoo;

que sempre caminharei contigo por este mundo.

Deixa-Me sempre ajudar-te a *acreditares* novamente *em ti mesmo*... como Eu acredito em ti.

Não me lembrarei dos teus pecados.
(Isaías 43,25)

Meu filho, sê sempre muito cuidadoso com o que *pensas*...

O mal tentará mentir para ti; ele tentará incutir-te pensamentos de raiva, de inveja, de ser melhor que os outros; ele tentará insuflar-te desejos de vingança.

Pensamentos como esses pertencem todos ao reino das trevas. Quando te surpreenderes pensando assim, lembra imediatamente: "Esses pensamentos não procedem de Jesus". Em seguida, volta-te para Mim e repele esses pensamentos. Eu te ajudarei a expulsá-los.

Se alimentares um pensamento sombrio, ele pode induzir-te a palavras ou ações que jamais poderão ser revertidas e se tornarão como uma sombra sobre a tua vida Comigo.

Uma árvore boa não pode dar frutos ruins.
(Mateus 7,18)

Importante... não é a rapidez com que andas, mas a direção que segues.

Muitos filhos Meus caminharam muito lentamente, com muitas quedas, e talvez penses que é isso que acontece contigo. Não te preocupes com isso, desde que estejas seguindo na direção certa. Acabarás chegando — desde que continues confiando em Mim.

Porque Eu te criei, conheço as coisas que podem te retardar, mas Eu sempre te estimularei se *queres* continuar trilhando o Meu caminho.

Aquele que perseverar até o fim será salvo.
(Mateus 24,13)

Procura ver o que há por trás do modo como as pessoas se comportam. Se alguém é rude ou injusto, lembra que o poder do mal instiga as pessoas para ações dessa natureza.

O mal é extremamente *ativo* em sua fúria de provocar discórdias e ódio. Infelizmente, muitos não percebem isso.

Sempre que possível, esforça-te para ver o mal, *não* a pessoa, como o verdadeiro inimigo, e então reza por essa pessoa.

Orai pelos que vos maltratam.
(Mateus 5,44)

Meu filho, lembra que a força de que *precisas* para *qualquer coisa* já está em ti.

Usa essa força, tanto nos grandes desafios quanto nas centenas de escolhas difíceis que tens de fazer diariamente.

Começa a usar essa força *automaticamente* — sem precisar pedi-la a Mim.

... revestidos da força do Alto.
(Lucas 24,49)

Eu disse aos Meus filhos que eles devem ter seu tesouro no céu.

Aumentarás o teu tesouro no céu através...

de cada boa ação que praticares;

de cada oração que fizeres;

de cada vez que te recusares a fazer algo errado;

de cada vez que falares a alguém a Meu respeito.

Nenhuma ação boa ou generosa que fizeres na terra se perderá. Poderás aproveitar esse tesouro *por causa do tipo de pessoa que te tornaste* ao longo da jornada da vida.

Muito bem, servo bom e fiel.
(Mateus 25,21)

Tens medo de alguma coisa que está adiante?

Achas que não terás força para enfrentar o que temes?

Simplesmente lembra que Eu caminho à tua frente.

Eu já estou em cada lugar quando chegas nele; por mais assustadores que esses lugares possam parecer agora, ficarás surpreso com a Minha ajuda para passar por eles.

Quando pensas em alguma coisa no futuro e tens dúvidas e medo, lembra-te do Amigo que vai à tua frente e agradece-Me por Eu *estar* lá para te ajudar.

**Eu vou à tua frente; Eu estarei contigo,
por isso não tenhas medo.**
(Deuteronômio 31,8)

Ao descobrires a diferença que faço em tua vida, ao te dares conta da Minha paciência com todos os teus defeitos, de como continuo a te amar, de como faço coisas por ti que ninguém mais pode fazer, talvez te surpreendas dizendo para ti mesmo, "Admirável!", pelo que sou e faço por ti.

Essa atitude é conhecida como *verdadeiro louvor*... uma atitude que não é premeditada, mas procede de um filho que se sente *agradecido*.

Eu sou o pão da vida.
(João 6,35)

É importante que aprendas cedo na vida a usar a Minha força quando tentado a pensar, dizer ou fazer coisas erradas.

Seguindo-Me, tu te surpreenderás odiando cada vez mais o que é ruim ou malévolo e *desejarás* não fazê-lo.

Preserva na mente a Minha imagem envolvendo-te e ajudando-te.

Se *usas* a Minha força, as tentações serão mais fracas.

Não sejas como as pessoas que pensam, dizem e fazem coisas erradas há tanto tempo que nem conseguem mais ajudar a si mesmas.

Vigiai e orai, para que não entreis em tentação.
(Mateus 26,41)

Aprende a Me ver no que está à tua volta.

Eu não estou só na beleza do Meu mundo, nas coisas que nele coloquei para que as desfrutes.

Tu podes Me ver onde nem todos conseguem...

>nas pessoas corajosas que padecem dores ou pobreza;

>nas pessoas que são generosas com quem nem sequer conhecem;

>na pessoa que diz uma palavra ponderada quando estás confuso;

>em ação quando alguém passa de uma atitude raivosa a uma amigável.

Meu filho, percebe-Me neste mundo sempre que a luz começa a brilhar onde antes havia escuridão.

> **Quando Me procurardes de todo coração,**
> **vós me encontrareis.**
> (Jeremias 29,13)

Muitas coisas Me aborrecem, mas o que mais Me magoa é alguém deixar de amar, de se interessar pelo que acontece com os que estão à sua volta.

Mesmo que caias em todas as formas de tentações, mesmo que as pessoas se decepcionem contigo e te culpem por caíres nessas tentações, não deves perder a esperança, e muito menos deixar de amar os outros como Eu te amo.

Amai-vos uns aos outros.
(João 15,12)

Meu filho, ao acordares, agradece-Me por trazer-te com segurança a um novo dia. Depois pede-Me que Eu te *conduza* ao longo desse dia e de tudo o que ele apresentar. Pede-Me que eu te *conduza* tanto através do conhecido como do desconhecido. Entrega cada detalhe a Mim.

Isso significa que não estarás sozinho em nenhum momento desse dia. E *nunca* sem a Minha força!

Eu estou contigo, para que prosperes em tudo o que fizeres.
(Deuteronômio, 29,9)

Eu procuro ver se os Meus filhos querem Me agradar, se estão prontos a desistir de alguma coisa para Me alegrar.

Quando vejo que estás realmente tentando agradar-Me, mesmo quando é difícil, em pouco tempo descobres o *outro* lado do que Eu quero de ti...

Tu Me agradas não só com tua obediência, mas também quando *valorizas* as Minhas dádivas no teu mundo, quando te sentes calmo, quando sentes o Meu amor cada dia.

O filho que *obedece* quando é difícil descobre que no Meu amor Eu *dou* muito... para tornar a vida mais *fácil*.

Seja feita a tua vontade.
(Mateus 6,10)

As pessoas nem sempre te compreendem ou nem mesmo se esforçam para isso.

Essa percepção pode te deixar amargurado depois de tentares muito, mas as pessoas realmente não sabem como te sentes, nem parecem se preocupar com isso. O mundo parece passar por ti sem te perceber — mesmo os que amas podem fazer isso às vezes.

Meu filho, lembra-te de que Eu te compreendo perfeitamente. Não precisas explicar nada para Mim.

Mesmo quando tiveste um comportamento repreensível e estás arrependido, volta-te para Aquele que te *compreende*. Não se trata apenas da compreensão do Deus sábio, mas do Deus que ama... Saber que és compreendido — *realmente* compreendido — será de grande ajuda para ti em muitas situações difíceis no futuro.

**Como teu Criador, jamais
Me esquecerei de te ajudar.**
(Isaías 44,21)

As pessoas realmente felizes sempre têm um coração *agradecido*.

Podes sempre encontrar coisas pelas quais Me agradecer. Mesmo quando a vida é muito difícil, ainda há um "muito obrigado" a ser dito.

Agradece-Me pelo dom de *Mim Mesmo*: agradece-Me por dias melhores que *devem* chegar para ti. Se Me agradeces não só por favores no presente, mas no futuro, estarás entrando naquele lugar onde *todas* as Minhas promessas se cumprem.

Eu sou o bom pastor.
(João 10,14)

Não deixes o teu *humor* depender do que é agradável ou difícil num determinado momento.

O que Eu quero para ti é que sejas uma pessoa constante, calma e esperançosa *aconteça o que acontecer*. Nem sempre será fácil, mas a força, calma e esperança procederão de *Mim*.

Se dividires tudo Comigo, descobrirás cada vez mais que o que sentes no teu íntimo *não* depende das circunstâncias de cada dia.

Ajuntai para vós tesouros nos céus.
(Mateus 6,20)

Muitas situações podem atemorizar-te nesta vida. É natural ter medo de perder uma pessoa amada, de ficar doente — de tantas coisas...

Quero que olhes *além* das coisas que podem te acontecer nesta vida. Quero que Me digas: "Senhor Jesus, nada tenho a temer porque cuidas de mim".

Haverá no teu mundo momentos de escuridão. O que te ajudará a não ter medo é lembrar que o teu Amigo está *sempre* contigo.

Por isso, não te deixes amedrontar por nada. Teu único medo real deve ser o de viver uma vida que pode Me magoar.

Pequenino rebanho, não tenhas medo.
(Lucas 12,32)

Percebes por que é tão importante ficar perto de Mim e procurar viver do modo como Eu te mostrei?

Se assim viveres, Eu sou visto em ti... Eu sou *refletido*, e isso ajudará muitas outras pessoas a virem a Mim, como tu vieste.

Eu em vós.
(João 15,4)

Meditando profundamente sobre o Meu amor por ti, cada dia, tu serás cada vez mais...

    calmo...

    corajoso...

    esperançoso...

    sensato...

    paciente...

    cheio de amor por outros...

Muitas coisas resultam do fato de pensares constantemente no Meu amor. Reflete sobre isso.

Não deixes que o Meu amor seja apenas um pensamento, mas que faça uma diferença para cada dia.

Meu amor por ti é *eterno*.
(Jeremias 31,3)

Sim, Meu filho, Eu estou *sempre* perto de ti. Mas procura estar onde *sentes* essa proximidade...

Especialmente lembrando os momentos em que, *sozinho Comigo*, te dedicas à oração...

Vem e procura a Minha face.
(Salmo 27,8)

Eu estimulei Meus filhos a entregarem seus fardos a Mim. As pessoas podem achar que carregam uma pesada carga durante toda sua vida.

Eu estou pronto a remover *todas* as tuas cargas de preocupação e tristeza, de modo que possas viver com leveza...

Não carregues fardos que não precisas carregar — inclusive os relacionados com dias futuros.

Eu darei descanso para vossa alma.
(Mateus 11,28)

Quando recebes a Minha palavra, ela não só te guia e te ensina. Uma *influência* emana da Minha palavra, porque *Eu estou nela*.

A Minha palavra não só te fará mais sábio, mas também mais forte para fazer o que Eu digo, por causa dessa influência.

**Tudo o que foi criado terá seu fim,
mas as Minhas palavras permanecerão para sempre.**
(Mateus 24,35)

Meu filho, sabendo que uma coisa é verdadeira e certa, segue-a sempre, se puderes. Não inventes pretextos para não fazer isso.

E nunca *enganes* a ti mesmo pensando que uma coisa pode não ser verdadeira, ou importante de fazer, só porque não tens disposição de fazer o que é certo naquele momento. Quanto mais deixas de seguir o que sabes em teu coração ser verdadeiro e certo, tanto mais perdido ficarás.

As Minhas ovelhas escutam a Minha voz e Me seguem.
(João 10,27)

Não queiras obter tudo o que o mundo diz que é importante. É bom para ti trabalhar muito, receber a tua recompensa e ouvir as pessoas dizerem "fizeste bem". Mas *procura* não ser muito popular, ou famoso, aos olhos do mundo. Essas coisas são efêmeras.

Ser amado por Mim, ser usado por Mim... essas coisas permanecem para sempre. Se te dedicares a pensar sobre isso, nada no mundo conseguirá desviar-te do Meu caminho!

Há últimos que serão primeiros, e primeiros que serão últimos.
(Lucas 13,30)

Começa a ver as inúmeras formas pelas quais o Meu amor afeta a tua vida. O Meu amor planeja um caminho muito estreito para ti, mas seguro, do mesmo modo que levarias a um lugar seguro uma criança entregue aos teus cuidados em meio a uma multidão.

Por estares sempre no Meu pensamento, e por Eu ser teu *Amigo*, desejo conduzir-te, seguro, através de cada situação difícil. Essa palavra para ti, agora, é o Meu amor ensinando-te pacientemente! A sabedoria que te dou procede do mesmo amor imutável.

Aceita como fato consumado a Minha proteção *constante,* a Minha *constante* boa influência sobre ti.

No meu amor, vive uma vida alicerçada sobre o *dar* e o *receber*. Incluindo, naturalmente, dar *a Mim* e receber *de* Mim.

Quando sentires medo, habitua-te a pensar no Meu amor — vendo-Me perto de ti e amparando-te.

Se fizeres isso, o medo sempre arrefecerá ou desaparecerá completamente.

Não temas; Eu estou contigo sempre.
(Isaías 41,10)

É frequente as pessoas duvidarem do que Eu sou capaz de fazer, mas isso é só porque nunca confiaram em Mim nem *testemunharam* o que posso fazer. Eu quero que vejas como são impotentes as forças do mal quando realmente confias em Mim.

Aonde mais podes ir para ter tuas necessidades e desejos mais profundos atendidos? Invoca *mais* a Minha ajuda. Descobre como consegues resolver as situações difíceis da vida de uma maneira nova... descobre como podes *viver acima de ti mesmo*!

Se fizeres a *tua* parte ao escolher, verás que Eu sempre *concluo* a vitória.

Sempre que entregas qualquer problema a Mim, apenas deixa-o Comigo, sem tentar resolvê-lo ansiosamente tu mesmo. Podes ficar tranquilo quando Me deixas trabalhar! Quando achas que fizeste progresso, não cedas esses ganhos; confia em Mim para ajudar-te a mantê-los.

Eu velarei por vós até o fim.
(Isaías 46,4)

Medita todos os dias sobre a profunda compreensão que está em Deus, desde o tempo em que entrei na história e passei a fazer parte da vida humana. Isso significa que *não deves hesitar* em vir a Mim. A Minha compreensão consumirá essa sensação de fracasso, os sentimentos de aversão por ti mesmo, teus sentimentos de incerteza. Eu não permitirei mais do que podes suportar, fortalecido por Mim.

Minha compreensão abrange todas as decisões que precisas tomar, os problemas que enfrentas, tuas possibilidades, as coisas que te preocupam. Se me deixares, usarei *cada* situação difícil para fortalecer a tua confiança e para te ensinar.

Eu só permito situações difíceis para *permanecer* em tua vida pelo tempo que elas servirem aos Meus propósitos para ti! Vê Minhas promessas na Bíblia, e na Minha palavra para ti ali expressa, e entende que não são excelsas demais para ser verdadeiras!

Eu jamais te esquecerei.
(Isaías 49,16)

Meu filho, deves compreender a *santidade* de Deus. No Meu Reino, Eu não permito coisas que obscurecem o teu mundo.

Vês em Mim um *padrão* a copiar...

Sim, Eu sei que imaginas estar muito longe de te assemelhares a Mim, mas, usando a Minha força, podes prosseguir em direção à *verdadeira* santidade. A Minha santidade não é algo a temer, mas é feita de virtudes como bondade, amor pelos outros, verdade, paz, coragem, alegria... virtudes que se tornarão parte de ti ao viveres Comigo e começares a ver o mundo como Eu vejo.

Tudo o que Eu te ordenei está dentro das tuas possibilidades. Vivendo em ti, Eu faço com que *queiras* escolher o que é bom e sensato; Eu te ajudo a mostrar bondade (mesmo quando não te sentes disposto a isso). Esse é o caminho da verdadeira felicidade. Quanto mais obedeces, mais claras as coisas se tornam. *Quero* que te sintas seguro de Mim o tempo todo e quero admoestar-te quando permites alguma coisa que Me torna menos real. Repele pensamentos sombrios pensando em Meu amor e no que as pessoas que amas e os teus amigos possam precisar.

Deveis ser perfeitos!
(Mateus 5,48)

Eu sei que queres me agradar sendo cordial com as pessoas com quem convives. Que nada no teu modo de viver Me *impeça* de te usar como realmente desejo.

Procura superar toda espécie de atitudes e de comportamentos errôneos.

Caso contrário, serás como um canal por onde apenas um filete de água consegue passar.

**Está escrito: Sede santos,
porque Eu sou santo.**
(1 Pedro 1,16)

Meu filho, em tempos difíceis, ser-te-á proveitoso *aceitares*, agora, que a vida não existe com o objetivo de ser um caminho fácil o tempo todo. Se aceitas isso é sinal que estás *preparado* para as situações tormentosas, em vez de ser totalmente surpreendido e abalado quando elas ocorrem.

O importante, naturalmente, é que estaremos juntos nessas situações difíceis... que, como vês, aparecem com a mesma facilidade tanto para os Meus seguidores jovens quanto para os mais velhos. Quando esses momentos sombrios ocorrem — muitas vezes inesperadamente — pensa imediatamente no Meu amor e observa-o envolvendo a tua situação. Procura perceber quanto *mais* dolorosa seria a vida *sem* Mim.

Agradece-me frequentemente pelo fato de que, por causa do Meu amor, todo momento tenebroso é apenas passageiro e porque *sempre* há coisas melhores adiante para ti, como alguém que confia em Mim.

Não temas...
Eu sempre te ajudarei.
(Isaías 41,13)

Muitas tentações surgirão para instigar-te a seguir outros caminhos ao longo da vida. Essas tentações são especialmente fortes quando és jovem. Eu deixei claro que as estradas da fama, da riqueza, do poder e da influência, embora deem a impressão de que podem satisfazer uma necessidade tua, conduzirão precisamente para *lugar nenhum*.

Meu filho, quando segues o *Meu* caminho, muitas coisas te são dadas... coisas que te proporcionarão uma alegria *mais profunda*. São coisas que Eu vejo como condizentes para o tipo de pessoa que és e em que estás se tornando.

Com o passar dos anos, *saberás* como são falsos outros caminhos, mas, até então, quero que acredites na Minha palavra de que o único caminho digno de ser seguido é aquele que estás começando agora... partilhado Comigo.

**... todas essas coisas
vos serão acrescentadas.**
(Mateus 6,33)

Meu filho, pensa frequentemente sobre o futuro... como Eu penso!

Não podes saber exatamente o que te espera, mas assegura-te de que a tua mão esteja na Minha. Sê fiel a Mim. Sê fiel às pessoas que amas e aos amigos.

Demonstra Meu amor para os outros. Continua confiando, mesmo quando achas difícil ver o caminho.

Sabes que serás sempre salvo no Meu amor.

Eu estou te *preparando* para a vida no céu...

Continua alimentando essa expectativa, porque é a única coisa *certa* no Meu universo.

Fazei para vós um tesouro inesgotável no céu.
(Lucas 12,33)

Meu filho, o nome que Eu tinha para os meus primeiros discípulos era *amigo*... simplesmente amigo. Um amigo verdadeiro é alguém em quem confias de fato, alguém que nunca te decepcionará. Um amigo assim é um presente Meu.

É triste saber que um amigo terreno pode às vezes te desapontar. Lembra que sempre que pensas que Eu Me esqueci de ti, descobrirás que estive o tempo todo pensando em ti e preparando-me para te ajudar.

Meu filho, a tua situação está sempre perto do Meu coração.

Eu vos chamo amigos.
(João 15,15)

Porque Eu te criei, sei perfeitamente de que és feito... de coisas boas e de não tão boas.

É por isso que te adverti a respeito de julgar os outros, simplesmente porque o conhecimento humano é muito imperfeito.

Se julgas com amabilidade e enxergas os aspectos positivos da outra pessoa, essa atitude muito Me agrada.

Estou convencido de que vês o que é perigoso... atitudes críticas em geral baseadas em mentiras que se insinuam em tua mente.

Não julgueis para não serdes julgados.
(Mateus 7,1)

Os desafios a enfrentar podem ser assustadores, e talvez queiras evitá-los.

Lembra sempre que Eu caminho à tua frente para atenuar os desafios para ti ou mesmo removê-los totalmente.

Se rezares com esse objetivo, Eu Me *anteciparei* às tuas dificuldades e as abrandarei.

Se a solução de um problema resulta melhor do que esperavas, agradece-Me por Eu *preceder-te* na jornada.

Sê forte e corajoso.
(Deuteronômio 31,7)

Às vezes te aborreces tanto, que nem sequer consegues rezar como gostarias. Quando isso acontecer, lembra-te do que podes Me dizer, da única coisa que sempre podes fazer: sussurrar o Meu nome — Jesus.

A repetição do Meu nome indica que estou nos teus pensamentos, preservando-te das influências maléficas. Então, mais uma vez, estás preparado para pensar no que Me dizer.

O nome que está acima de todo nome.
(Filipenses 2,9)

Embora esteja oculto aos olhos carnais, o céu não é um lugar distante ou inatingível.

Sempre que o Meu amor penetra no coração humano, esse coração está em contato com o céu. Sim, mesmo que não percebas!

Para que o Meu amor entre no teu coração, medita sobre esse amor — especialmente como o vês na Cruz.

Nos Evangelhos, convidei todos os Meus filhos a "vir a Mim". Se vieres, demonstras teu desejo de estar no céu algum dia.

Cristo em vós, a esperança da glória.
(Colossenses 1,27)

Às vezes, ter paciência pode ser muito difícil. Isso acontece porque o mundo vive repetindo que deves obter as coisas o mais rápido possível.

O que consegues com precipitação normalmente redunda em fracasso.

Sim, Meu filho, pessoas de mais idade podem aprender algumas lições *contigo*, desde que sejas calmo e paciente. Estarás dando um bom exemplo.

Precisarás ter bastante coragem para não ter pressa, mas Eu te ajudarei.

Tende muita paciência e longanimidade.
(Colossenses 1,11)

Se tens um bom amigo, alguém que lastimarias perder, *respeita* esse amigo. Não digas nem faças algo que o levaria a afastar-se de ti.

A amizade é sumamente importante para Mim.

A verdadeira amizade deve ser valorizada mais do que o dinheiro, a popularidade, a posição social e tudo o mais que o mundo considera importante.

Um verdadeiro amigo é mais chegado do que um irmão.
(Provérbios 18,24)

Muitas pessoas prometem grandes recompensas que mais tarde se revelam decepcionantes. É por isso que recomendei a Meus filhos repelirem *a cobiça e a avidez.*

Quando dominada pela cobiça, a pessoa nunca está satisfeita com o que tem.

Uma pessoa descontente *não* consegue encontrar a verdadeira felicidade.

Ficai satisfeitos, em toda e qualquer situação.
(Filipenses 4,12)

Meu filho, notaste como as pessoas que agradecem têm normalmente um sorriso no rosto?

O sorriso é a marca de alguém realmente agradecido, do mesmo modo que agradecer *sem* um sorriso é apenas um reconhecimento formal.

Cultiva um coração sempre pronto a responder com um sorriso sincero até pelo menor ato de gentileza.

Deus ama a quem dá *com alegria*.
(2 Coríntios 9,7)

Meu filho, provavelmente te envergonhaste muitas vezes depois de dizer ou fazer algo *errado*.

Tu sabes que os erros Me magoam, erros que às vezes são cometidos com muita facilidade.

Eu sempre me aproximarei para escutar-te quando te arrependes de verdade; então Meu amor dissipará todo erro.

Confia incessantemente na Minha *compaixão*. Manifesta a mesma compaixão para com os outros, sem guardar ressentimentos.

Eu vivifico o coração sinceramente contrito.
(Isaías 57,15)

Meu filho, para *realmente* ter certeza do Meu amor, volta o teu olhar para a Cruz. Medita sobre ela com frequência.

A Cruz no Calvário é o lugar onde *melhor podes ver* o Meu amor por *Meus filhos*, como Eu já te disse.

É na Cruz que o mundo constata até onde estou disposto a ir para salvar a humanidade.

Lembra sempre, Meu filho, que a Cruz existiu para *ti...*

**Ninguém tem maior amor do que aquele
que dá a vida por seus amigos.**
(João 15,13)

Meu filho, não tenhas medo de permanecer em silêncio!

Podes "ouvir-Me" com mais clareza (sussurros ao coração) quando te afastas dos ruídos do mundo.

Na quietude, a serenidade do coração que o mundo tanto deseja pode chegar a ti. É acima de tudo um sussurro de *amor*...

É suave o eco que ouvimos d'Ele.
(Jó 26,14)

A satisfação calma que sentes quando foste amável com alguém faz parte dos tesouros da vida.

Sim, mesmo que a pessoa beneficiada com a tua amabilidade não reconheça imediatamente!

A sensação de satisfação é na verdade sinal de uma boa consciência... uma consciência que também te deixa inquieto quando dizes ou fazes algo errado.

Uma consciência *sempre alerta* te ajudará a enfrentar as dificuldades da vida com segurança.

As minhas ovelhas escutam a minha voz.
(João 10,27)

A vida pode ensinar muitas lições. Às vezes uma determinada situação leva uma pessoa a dizer: "Eu *preciso* me lembrar disso; é importante". É crucial para o teu futuro aderir firmemente ao que Eu te mostro com clareza em algumas ocasiões.

Se não absorves as lições aprendidas, é enorme a perda de tempo para reaprender a mesma lição.

Define como uma das tuas regras de vida *pôr em prática* o que Eu te mostro com toda clareza.

Todo aquele que ouve essas Minhas palavras e as põe em prática será comparado a um homem sensato que construiu a sua casa sobre a rocha.
(Mateus 7,24)

A natureza da vida na Terra mostra que é muito fácil desviar-se do caminho seguro.

Quero que entendas que se confias realmente em Mim como teu Companheiro, Eu sempre te alertarei sobre possíveis perigos.

Essas são as Minhas *insinuações*... a voz suave no coração que deves aprender a escutar e nela confiar.

Meu filho, evita as consequências quase sempre dolorosas por te desviares do caminho que Eu te indico.

Entrai pela porta estreita.
(Mateus 7,13)

Talvez nem sempre te *sintas* com coragem! Não tem importância!

Desde que tenhas a Mim em tua vida, Eu te dou coragem para enfrentar situações e desafios, mesmo quando te sentes temeroso.

Meu filho, Meus seguidores sempre perceberam que Eu intervenho a favor deles com uma força superior.

Não podes *forçar-te* a ser corajoso, mas podes, a qualquer momento, convidar-Me a agir contigo.

A tua mão direita me sustenta.
(Salmo 139,10)

Quando Eu estava na terra, elogiei a Minha amiga Maria Madalena por dedicar-Me o seu tempo... tempo para Me ouvir e aprender Comigo.

Meu filho, não te ocupes em demasia a ponto de não dispor de tempo para rezar! Os momentos que passas Comigo, em qualquer tempo e lugar, são sempre momentos bem empregados.

Essas ocasiões são sempre propícias em bênçãos, por isso aproveita todas as oportunidades possíveis para falar Comigo.

... entregai-vos à oração.
(1 Coríntios 7,5)

No momento da Crucificação, muitas pessoas agiram com ódio no coração — inclusive inúmeras que se diziam tementes a Deus.

Por que elas, de repente, se comportaram desse modo? Porque forças ocultas do mal entraram em suas mentes, levando-as a escolher o mal em vez do bem.

Na Sexta-Feira Santa (como ficou conhecida), o Meu corpo humano pereceu e aquelas forças do mal pareciam ter vencido. Mas sua vitória durou pouco, como sabes. A ressurreição no terceiro dia foi uma vitória para todos.

Jesus disse: "Está consumado!"
(João 19,30)

As forças das trevas, opostas a Mim, utilizam sempre todos os recursos possíveis para impedir-te de ver a verdade.

Podes ser tentado a agir contrariamente ao que percebes como certo, dizendo a ti mesmo: "Não tem importância, é só esta vez".

Eu dizia com frequência aos Meus discípulos que a verdade é sumamente importante porque Eu sabia que a vida nesta terra produz resultados melhores quando as pessoas vivem segundo a verdade que está em seus corações.

Eu vos falo a *verdade*.
(João 8,40)

Muitas pessoas são infelizes porque sempre querem ter o que outros têm. A inveja é um sentimento pernicioso e, embora possa parecer bastante inofensivo e neutro, às vezes é chamado de "pecado capital" (quando praticado em suas formas mais perversas).

Meu filho, lembra que na série de eventos que culminaram com a Minha morte no Calvário, a inveja (transformando-se em puro ódio) fervia em muitos corações.

Como os seres humanos não conhecem a verdade como Eu a conheço, a inveja pode ser algo totalmente fora de propósito.

O amor não é invejoso, não se vangloria.
(1 Coríntios 13,4)

Meu filho, é da natureza da vida na terra que inesperadamente te surpreendas sem a presença de um membro querido da família ou de um amigo de confiança. A tua vida fica tomada por um grande vazio e te sentes interiormente devastado. O que podes fazer?

Basta que mantenhas o pensamento fixo em Mim; se fizeres isso, prometo passar-te uma manifestação do Meu amor para confortar-te em tua *perda*.

Essa sensação de conforto te acompanhará a vida toda, principalmente nos momentos que mais necessitares dela.

Eu sou o Senhor que sempre vos consolará.
(Isaías 66,13)

Meu filho, já percebeste que as pessoas mais alegres que conheces são as que estão sempre agradecidas pelo muito que receberam na vida?...

Gratidão... especialmente pelas pequenas coisas que o mundo considera como naturais!

Meu filho, sejam muitos os teus "muito obrigado" ao te dares conta de tudo o que dispenso para ti. Um coração *agradecido*, como Eu já te disse tantas vezes, é um coração contente.

Dai graças por tudo.
(1 Tessalonicenses 5,18)

Somente Eu conheço — exatamente — o teu passado, presente e futuro.

Nada do que acontece na tua vida é surpresa para Mim.

A vida nem sempre é fácil, por isso o único lugar realmente seguro é o que está mais próximo de Mim. Toma a decisão de permanecer no lugar mais próximo de Mim possível.

Por baixo estão os braços eternos de Deus.
(Deuteronômio 33,27)

Meu filho, a única riqueza que realmente merece atrair teu coração é o tesouro *depositado no céu*.

Ao tentares seguir-Me durante tua vida, e se quiseres *somente* a Mim como teu prêmio, o tesouro que te espera será incalculável.

O tesouro no céu é te deleitar no Meu amor na companhia de outras almas que fizeram de Mim sua esperança quando estavam na terra!

Há o que parece pobre, mas tem grandes riquezas.
(Provérbios 13,7)

Ao te preparares para dormir, que o teu último pensamento se volte para Mim.

Não deixes a balbúrdia de impressões que foi o teu dia perturbar o teu espírito; afasta todas elas voltando-te para Mim.

Contemplando a Minha face, deixa que o pensamento em Mim velando por ti te acompanhe nas horas noturnas e te propicie um sono realmente tranquilo.

Em paz me deito e logo adormeço.
(Salmo 4,8)

Quando oras por outras pessoas, a tua prece excede em muito as meras palavras. Isso acontece porque Eu estou agindo no coração da pessoa por quem rezas — especialmente se pedes que ela venha a conhecer o Meu amor.

Com frequência, a pessoa por quem oras não sabe que pedes por ela.

A oração oferecida com fé pode restabelecer o enfermo.
(Tiago 5,15)

Nunca esqueças que o homem foi criado à Minha imagem. É por isso que sinto as dores e as alegrias da vida, assim como tu (apenas que mais intensamente). Sim, Meu filho, "à Minha imagem" significa um amigo divino que *compreende*. Por isso, não sejas tímido ou hesitante para te aproximares de Mim.

Eu sou manso e humilde de coração.
(Mateus 11,29)

Meu filho, resiste à tentação de te comparares com outras pessoas. O teu conhecimento como ser humano semelhante ao outro é muito limitado e parcial, por isso não queiras te comparar com ninguém. De modo especial, não imagines que o outro não tenha as boas qualidades que tens. Isso é arrogância espiritual. Eu vejo cada um dos Meus filhos com o Meu olhar da verdade. A lição é sempre olhar *somente* para Mim e interessar-se pelo que Eu estou fazendo.

O amor não se ensoberbece.
(1 Coríntios 13,4)

Pensa sobre o que significa ser Meu filho escolhido!

Como Eu disse aos Meus discípulos, não foram eles que me escolheram, fui Eu que os escolhi. Tu saíste à Minha procura porque Eu já havia *te* escolhido.

A Minha escolha é um ato *permanente*. Mesmo quando há muitos aspectos que Eu quero mudar em ti, a Minha escolha continuará influenciando o resto da tua vida. Isso se deve à Minha fidelidade e ao fato de saber o que te tornarás.

Deus vos escolheu desde o princípio.
(2 Tessalonicenses 2,13)

As questões sobre as quais tens de decidir se tornam muito mais claras se as analisares *à luz da Minha presença*. Não reste dúvida de que queres seguir o que Eu vejo como o melhor.

Quando aprendes a entregar todas as possibilidades a Mim, descobres cada vez mais que certas escolhas são feitas sem que sequer tenhas pensado sobre elas!

O Senhor dá a sabedoria.
(Provérbios 2,6)

Seguir um caminho que Me agrada é simplesmente meditar muito sobre a Minha solicitude para contigo.

Se realmente desejas agradar-Me, vencerás muitas tentações.

Se realmente desejas agradar-Me, terás automaticamente a força de que necessitas. Meu filho, usa a Minha força... sempre.

Caminhar na luz de Deus.
(1 João 1,7)

Mesmo que tenhas sempre a impressão de ser derrotado por uma determinada situação da vida, Eu posso recolocar-te diante da mesma situação e levar-te à vitória.

Confia em Mim... Eu posso fazer isso.

Ao te defrontares novamente com uma dificuldade, pensa na Minha luz à tua volta e agradece-me porque, na Minha força, podes conquistar tudo. Logo começarás a ser vitorioso onde antes eras derrotado.

Tudo posso naquele que me fortalece, Jesus Cristo.
(Filipenses 4,13)

Meu filho, muitas são as carreiras e ocupações que podes seguir para proveito do mundo.

Uma só é a aspiração que sempre será do Meu agrado (mesmo que as pessoas não saibam, no momento, que ela está no teu coração). Essa aspiração é que sejas *utilizado* para difundir a Boa-Nova que Eu vim trazer. Eu sempre te fortalecerei nisso.

Venha o Teu reino.
(Mateus 6,10)

Depois de confiar um problema a Mim, não sentirás o seu peso se Me *agradeceres* e pensares que ele está *em Minhas mãos*. Significa que estou trabalhando por ti, no que te pode ser difícil, para conseguir a melhor solução possível. Sim, Meu filho, Minha ação segura...

Os caminhos do Senhor são seguros.
(Salmo 19,9)

Esta vida reserva muitas decepções, por isso te perguntarás muitas vezes se foste confundido com um dos Meus seguidores.

Fico muito triste quando um dos Meus filhos tenta viver sem Mim.

Verás que Me valho de muitas circunstâncias para atrair novamente teu coração de volta para Mim. Quando tentas viver sem Mim, quase sempre te sentirás inquieto até que a nossa relação (sempre preciosa para Mim) seja restabelecida.

Jesus disse: "Não quereis também vós partir?"
(João 6,67)

Às vezes é necessária uma vida inteira para que aprendas a lição de colocar-Me acima de tudo.

Isso sempre significa querer descobrir o que Eu mais desejo para ti... algo que se torna quase automático quanto mais o praticares.

Em situações difíceis (na verdade, em *cada* situação), pergunta a ti mesmo: "O que Jesus, meu Senhor, quer que eu faça?"

Essa pausa (por mais breve que seja) para entrever a Minha vontade para ti representará uma caminhada cada vez mais segura.

Vou instruir-te, indicando o caminho a seguir.
(Salmo 32,8)

Há ocasiões em tua vida em que te sentes totalmente sozinho. Mesmo os que te amam parecem não compreender nem demonstrar simpatia.

Permito que te sintas assim às vezes para que possas Me perceber como Aquele que não muda.

A solidão nunca é realmente solidão se estás convencido de que Eu estou contigo... mesmo que seja apenas uma presença sutil.

> **... para que vivamos em Sua presença.**
> (Oseias 6,2)

Quando Eu estava na terra, Eu disse que ter-Me em tua vida é como encontrar um tesouro tão precioso que venderias tudo para comprá-lo.

Meu filho, ao longo da tua vida, acredita de todo teu coração que a única coisa que *não* podes comprar (e que deves sempre guardar como um tesouro) sou *Eu Mesmo*.

Pedro disse: "Senhor, tens palavras de vida eterna".
(João 6,68)

O motivo por que não permitirei que nada que aconteça na terra te afaste de Mim é que o *Meu amor por ti simplesmente não pode ser mais forte*!

A única pretensão que os poderes do mal têm (mais ainda do que te tentar para o erro) é separar-te de Mim.

Podes prevenir-te contra isso pensando em Mim e falando Comigo, *inúmeras vezes*, no decorrer de cada dia.

Nada poderá nos separar do amor de Deus manifestado em Jesus Cristo, nosso Senhor.
(Romanos 8,39)

Os que chegam a Me conhecer são aqueles Meus filhos que *perseguem* um conhecimento sempre maior.

Conhecer-Me é a maior sabedoria do mundo e tu podes alcançá-la, seja o que for que outros possam dizer.

Perseguir alguma coisa na vida significa ter um objetivo definido e claro e não deixar que nada te afaste dele nem te faça desistir.

Sim, Meu filho, simplesmente seguir-Me, de perto... *Sem* te voltares para trás.

Jesus disse: "Eu sou o caminho".
(João 14,6)

Há normalmente um tempo de espera, como descobriste antes que as tuas orações mais fervorosas fossem atendidas. Mas esse é um tempo que Eu sempre aproveito. Nesse tempo de espera confiante, Eu desenvolvo a tua paciência e a tua confiança, garantindo a melhor resposta possível. Durante a tua passagem pela vida na Minha companhia, maior será a expectativa serena de que Eu *simplesmente não posso* deixar de te dar uma resposta. Como podes imaginar, a resposta já está providenciada.

> **... mas sejais imitadores dos que pela**
> **fé e paciência herdam o que foi prometido.**
> (Hebreus 6,12)

"Acredito que isto é o que o próprio Senhor Jesus quer *realmente* para mim?" Esta é uma pergunta que precisa ser feita. É melhor não se lançar em nenhuma atividade antes de se fazer essa pergunta.

Como Eu te disse, toda obstinação sempre envolve algum perigo. Podes evitar esse perigo se reservas alguns minutos para descobrir o sentido da Minha vontade para ti. Descobres que quando os Meus e os teus desejos estão em harmonia, Eu posso satisfazer mais facilmente os anseios do teu coração.

Na tranquilidade e na confiança está a vossa força.
(Isaías 30,15)

Vivendo nos Meus filhos, deixei muito claro que quando és amável com alguém, Eu também Me beneficio.

Do mesmo modo, se podes ajudar um dos teus irmãos e irmãs e não o fazes, Eu perco alguma coisa que poderia ser uma dádiva para Mim mesmo. Por isso, procura sempre lembrar que Eu, teu Senhor, fico afetado pelo que tu fazes.

Cada vez que o fizestes a um desses Meus irmãos mais pequeninos, a Mim o fizestes.
(Mateus 25,40)

Às vezes verás que com um pequeno esforço a mais — apenas pequeno — a vitória em certas situações estava muito próxima.

Se estás determinado a não "te renderes", simplesmente espera um pouco e depois tenta novamente, *usando* a Minha força, e agradecendo-Me pela vitória que conquistarás. A Minha força unida à tua transformará muitas ocasiões de "derrota" em confiança — acumulando sucessos em pequenos e grandes projetos.

> **Graças se rendam a Deus, que nos dá a vitória por nosso Senhor Jesus Cristo!**
> (1 Coríntios 15,57)

Meu filho, deixa-Me ser a *morada dos teus pensamentos*! Em outras palavras, mantém sempre teus pensamentos em Mim, seja o que for que passe por tua mente. Os vários desejos da vida podem sempre inquietar-te um pouco, se não deixas os teus pensamentos voltar para Mim. Com prática, tornar-se-á quase automático fazer de *Mim* a morada dos teus pensamentos.

Seja objeto de vossos pensamentos tudo o que é verdadeiro...
(Filipenses 4,8)

Meu filho, se procuras manter-Me em teus pensamentos no decorrer da tua vida, descobrirás que todas as promessas que Eu fiz se cumprirão.

No fim da tua vida, há uma promessa para ti que se cumprirá, com todas as demais... que Eu te levarei para o Meu Reino celeste.

Ninguém mais pode te dar essa esperança para o teu futuro. Apenas assume contigo mesmo o compromisso de voltar a Mim, mesmo que te extravies por caminhos tortuosos por apenas um pouco de tempo.

As coisas que não se veem são eternas.
(2 Coríntios 4,18)

Meu filho, tudo o que realmente importa é o que te tornarás.

Não saberás exatamente o que o futuro te reserva, mas assegura-te de que a tua mão esteja na Minha.

Sê fiel a Mim. Sê fiel às pessoas que amas e aos amigos. Persevera na confiança! Mesmo com o caminho envolto pela escuridão, estarás sempre totalmente seguro em Meu amor, se continuares confiando. Eu estou te *preparando* para a vida em Meu reino, conforme prometi.

Meu filho, aguarda isso com expectativa ansiosa... como Eu. O céu é a única coisa certa na Minha criação.

Tende coragem! Eu venci o mundo.
(João 16,33)

O que as pessoas disseram sobre
Deus Está Contigo 2

"Todos os que lerem *Deus Está Contigo 2* encontrarão a paz de Deus."
— *Cardeal Cormac Murphy-O'Connor*
Arcebispo de Westminster

"Quando descobri *Deus Está Contigo 2* comecei a compreender Deus."
— *Leitor canadense*

"*Deus Está Contigo 2* é um livro muito especial que beneficiará milhares de pessoas."
— *Cônego John Pearce*

"Cada vez que abro o livro, Jesus me fala através de suas páginas."
— *Adolescente*

"Um devocionário maravilhoso; nós o usamos diariamente."
— *Dr. Donald English*
ex-presidente da Conferência Metodista

"*Deus Está Contigo 2* realmente nos ajuda a amar a Deus."
— *Usuário habitual do livro*

"Um livro maravilhosamente inspirador." — *Betty Tapscott, EUA*

"Nunca senti tanta intimidade com Jesus."
— *Fran Gunning, EUA*

"Ler *Deus Está Contigo 2* é uma verdadeira alegria."
— *Bispo John Crowley*

"O livro mais maravilhoso que já li."
— *Rev. Tom Cass, Tyneside, Inglaterra*